Lk 222.

SOUVENIRS

DU

LOGIS-DU-ROI

D'AMIENS,

Par M. H. DUSEVEL,

MEMBRE DU COMITÉ HISTORIQUE, DES SOCIÉTÉS DES ANTIQUAIRES DE FRANCE ET DE PICARDIE, ETC.

AMIENS,
IMPRIMERIE DE E. YVERT, RUE SIRE-FIRMIN-LEROUX, 24.

1857

SOUVENIRS

DU

LOGIS-DU-ROI D'AMIENS.

———◆———

 L'étranger qui visite Amiens s'arrête presque toujours devant les *restes du Logis du-Roi*. Il les contemple avec attention, et tâche de découvrir ce que pouvait être, lorsqu'il était entier, cet ancien édifice aujourd'hui converti en salles de bains.

 Dans ses cours remplies de constructions parasites, dans son donjon presque en ruine, rien n'est propre à satisfaire sa curiosité, à lui rappeler la noble destination de cette demeure royale, et si quelque passant, s'érigeant en officieux *cicerone*, ne vient lui expliquer, tant bien que mal, ce qu'il sait lui-même de ce monument, l'étranger est exposé à poursuivre son chemin sans se douter le moins du monde, que là, logèrent des rois, des reines et d'illustres guerriers.

 L'origine du *Logis-du-Roi* d'Amiens est encore un mystère. Si l'on en croit les historiens du pays, François Ier l'aurait fait construire pour l'habiter; mais la funeste bataille de Pavie aurait empêché ce monarque de réaliser son premier dessein.

Le père des lettres, le roi chevalier a pu ordonner aux ingénieurs dont il était ordinairement accompagné dans ses voyages, d'embellir, d'augmenter la *Maison des Trois-Cailloux* que remplaça le *Logis-du-Roi* actuel, afin que ce Logis put servir plus tard à son habitation, lorsqu'il venait en Picardie où l'attiraient trop souvent les charmes de Mlle d'Heilly et ses guerres presque continuelles avec les Impériaux et les Anglais ; mais aucun document authentique ne nous a encore appris en quelle année ces changements auraient eu lieu, quel fut l'architecte chargé de diriger les travaux, ni comment on en paya la dépense ? Ce ne fut probablement pas la ville d'Amiens qui la supporta, car le Logis-du-Roi ne lui appartenait pas dans le principe.

Le trésor dut seul en faire les frais, et s'il en est ainsi, il faudrait, pour être mieux éclairé sur ces diverses questions, consulter les anciens registres de la cour des comptes. On trouverait, sans doute, dans ces registres, bien des détails intéressants pour la description et l'histoire de l'édifice que nous allons essayer de faire connaître aux personnes qui aiment les vieux monuments et leurs souvenirs.

Les mutilations qu'essuya le Logis du-Roi, dans le dernier siècle, et la métamorphose de quelques unes de ses dépendances en salles de bains, de concert et de spectacle, ont rendu, pour ainsi dire, méconnaisssble cet ancien édifice; mais grâce à quelques courtes notices dues à des écrivains du pays, et surtout au dessin reproduit dans nos monuments d'Amiens, on peut avoir une idée assez juste de ce qu'était autrefois cette habitation princière.

« C'est, dit l'auteur de la *Description des rues et bâtiments saints et profanes de la ville d'Amiens*, faite en 1700, et que possède un zélé antiquaire de Montdidier, le lieu où le gouverneur-général de la province loge ordinairement. Ses murailles sont crénelées, en façon de château antique. Il s'y trouve un très beau corps-de-logis, où se voit un grand donjon fort haut qui découvre toute la ville, et une voûte pour servir de corps de garde. Il y a aussi de beaux escaliers de pierre, des cours et de très jolis appartements. »

Ce qu'ajoute un autre écrivain de la fin du dernier siècle vient confirmer cette brillante peinture du *Logis-du-Roi*. « Comme on peut le voir par ce qui en reste, dit-il, c'était un château en briques et en pierres semblable à ceux qui furent bâtis sous le règne de François 1er. Un mur crénelé et garni d'espèces de guérites à toits pointus l'entourait de toutes parts. Pour parvenir dans l'intérieur que la ville décorait parfois de ses belles tapisseries, pour faire honneur à MM. les gouverneurs, lorsqu'ils ne faisaient que passer, il fallait traverser un pont-levis et une porte bien ornée donnant sur la *rue des Fossés* ou celle des *Trois-Cailloux*; les principales pièces, la chapelle et le petit jardin, étaient fort remarquables.

Il est fâcheux que l'on ne voye pas dans les passages que nous venons de citer, quels étaient les ornements de la royale demeure, de ses tourelles et donjon à pans, de ses corniches, de ses lucarnes et fenêtres, et ceux des vastes salles, de la jolie chapelle et du délicieux jardin qui embellissaient cette demeure. On peut seulement, à défaut de ces détails, conjecturer par les quelques sculptures que l'on distingue encore au haut de la porte de l'escalier du donjon, et des feuillages et bustes que l'on aperçoit, çà et là, dans la principale cour du Logis-du-Roi, qu'il devait être décoré avec magnificence et offrir une habitation fort agréable aux hôtes illustres qui venaient s'y fixer pendant leur séjour à Amiens.

On a prétendu que dans le XVIe siècle, époque à laquelle on reporte ordinairement la construction du Logis-du-Roi, la tourelle n'était plus une marque distinctive et particulière de l'hôtel seigneurial comme la tour avait été bien avant elle le symbole expressif du château; que ces signes traditionnels du pouvoir étant tombés en désuétude, le peuple s'en était emparé, et que les architectes les avaient introduits presque partout dans les monuments de la bourgeoisie qu'ils étaient appelés à construire. Cette opinion nous paraît contestable, au moins à l'égard de la ville d'Amiens; car dans cette capitale de la Picardie, on ne souffrait pas à la fin du même siècle, qu'on plaçât une tourelle en encorbellement au coin de l'hôtel d'un magistrat, situé dans la rue des Sergents, avant qu'il en eut obtenu permission des autorités.

Peu de nos rois honorèrent le Logis-du Roi de leur présence, mais presque tous les gouverneurs de Picardie, qui étaient leurs représentants dans cette province, y résidèrent souvent.

Les rois Louis XIII et Louis XIV sont les seuls de nos monarques dont le séjour, dans le Logis-du-Roi, soit attesté par le témoignage de l'histoire.

Le premier de ces princes vint à Amiens le 19 juin 1640, pour surveiller, selon Monglat, le siége d'Arras, qui paraissait traîner en longueur. Le lendemain, le corps de ville attendit dans la cour du Logis-du Roi, le Cardinal-Ministre à qui, selon l'usage du temps, il adressa une longue et emphatique harangue. Pendant que Louis XIII habitait le monument dont nous parlons, le Corps de ville visitait ce prince en *robes* et en *toques* de *trois semaines* en trois semaines, c'est-à dire bien moins souvent que ne l'eussent fait les *amateurs de visites* de nos jours.

Le 23 juin, veille de la Saint-Jean, Messieurs, disent nos anciens registres, se sont transportés au Logis-du-Roi et n'ayant pu parler à Sa Majesté, pour ce qu'elle avait pris quelque remède le matin, ont chargé M. de Cornillon, lieutenant en la citadelle, de prier le Roi de leur faire la faveur et à toute la ville, de mettre le feu au bûcher ; mais ce prince fit répondre par le sieur de Cornillon, qu'à cause de son indisposition, il ne désirait pas se trouver à cette cérémonie du feu de la St-Jean qui était aussi pompeuse à Amiens qu'à Paris et ailleurs.

Le second monarque, Louis XIV, habita le Logis-du-Roi en 1647, et y donna quoiqu'enfant, un bel exemple de piété à tous les grands qui l'entouraient Le jour des processions de la Fête-Dieu il se fit apporter des fleurs et prépara lui même un bouquet.

Quand la procession fut venue et que le Saint-Sacrement se fut arrêté au reposoir préparé dans la cour du Logis-du Roi, le prince dit au curé qui était un bon homme tout blanc comme un Saint Siméon : *Tenez, Monsieur le Curé, ostez le bouquet qui est sur le Saint Sacrement et me le donnez, et y posez celui là,* lui mettant le bouquet qu'il avait fait dans la main.

Tout le monde observait et admirait cette action du Roy, et quand leurs majestés (Louis XIV et sa mère) furent revenus de l'Eglise, où elles avaient reconduit le Saint-Sacrement à pied, le Roy voulut voir ce bouquet qui était une couronne formée d'assez belles fleurs. Dubois, auteur de mémoires intéressants sur la jeunesse de Louis XIV, auxquels nous empruntons ce passage, l'attacha au chevet du lit du Roy, justement au-dessus de sa tête, en lui disant : « *Sire, cette couronne là portera bonheur à celle de Votre Majesté.* »

Le même Dubois nous apprend encore, sur le grand Roi, une autre particularité qui montre quelles étaient, dès son enfance, la fermeté et la bonté de son caractère. L'événement se passa également dans le Logis-du-Roi ; voici comment il est raconté : « Le Roy se jouant avec sa nourrice qui est femme de chambre de la Reine, une petite crois de reliques qu'il porte toujours en escharpe, pendue d'un ruban sur sa chemise, se defit et tomba. La Reine me commanda de faire venir du ruban de la garde-robe du Roy, ce que je fis. Sitost que le ruban fut venu, le Roy osta son pourpoint et la Reine ses gants, pour rependre la crois.

Comme la Reine mesurait ce ruban de bonne longueur pour que le Roy le mît et l'ostât sans peine, le Roy lui dit : *Maman, il le fault plus court.* La reine ne le voulait pas; de sorte qu'il y eut conteste, jusqu'au point que le Roy tranchât le mot et dit : *Je le veuls comme cela, moy* : Ce qui facha la reine, qui en rougit et dit : *Je vous feray bien voir que vous n'avez point de pouvoir et que j'en ay un. Il y a trop longtemps que vous n'avez été fouetté, je veuls vous faire voir que l'on fesse à Amiens comme à Paris.* Et s'adressant à nous autres : *Je ne veuls pas que vous fassiez ce que le roy vous commande.* C'estoit toucher le Roy au vif; ses armes donnèrent des marques de son ressentiment. Cela dura quelque peu de temps. Tout d'un coup, sans que personne lui disc rien, il part et s'en va se jetter aux genoulx de la Reine, et lui dit : *Maman, je vous demande pardon; je vous promets de n'avoir jamais d'autre volonté que la vôtre.* — La Reine le baisa tendrement et ils demeurèrent fort bons amys, dieu mercy (1) »

Nous trouvons ailleurs que la reine d'Ecosse logea aussi dans *l'hôtel des Trois-Cailloux*, à son passage à Amiens,

---

(1) *Fragments des mémoires de Dubois*, publiés dans la *Bibliothèque de l'Ecole de Chartes*.

en 1551. La ville paya, la même année, à un tapissier qui avait tendu ses tapisseries, dans cet hôtel, à la venue de la Reine et du duc de Vendôme, une somme de cent sols tournois. Ce duc de Vendôme n'était autre qu'Antoine de Bourbon qui fut roi de Navarre et gouverneur de Picardie. Le prince de Condé, en 1565; le duc de Nevers, en 1587; et Henri d'Orléans duc de Longueville, en 1588, habitèrent successivement le *Logis du Roi*. Suivant l'usage observé à l'entrée des gouverneurs de Picardie, à Amiens, on les conduisait dans cette somptueuse résidence sous des poiles ou dais de damas de diverses couleurs, accompagnés des échevins en robes et à cheval. Les portes et les fenêtres du Logis-du Roi étaient, dans ces solennités, couvertes de chapeaux de verdure, d'emblèmes, de chiffres et de quatrains en leur honneur.

Avec le duc de Longueville étaient venus s'installer dans le Logis-du-Roi Catherine de Gonzague, sa femme, Marie de Bourbon, duchesse d'Estouteville, sa mère et François d'Orléans, comte de Saint-Pol, son frère « *Mais à leur dam*, s'écrie dans son naïf et pittoresque langage, le chanoine de La Morlière. *Car, la Ligue commençant bientôt après, mal désastreux et général de la France, ils demeurèrent entre les mains d'un peuple effarouché et tout hors de soy par zèle indiscret* (1) »

Le bon chanoine veut sans doute parler ici de la détention de Madame de Longueville et de ses demoiselles dans

---

(1) Antiquités d'Amiens, livre III, pag. 306.

le Logis-du Roi, lorsque le peuple d'Amiens apprit le massacre du duc et du cardinal de Guise, à Blois.

Il y aurait à écrire tout un volume, si l'on voulait retracer les divers épisodes de la longue et pénible détention qu'on fit subir à ces illustres dames, dans un hôtel qui leur avait d'abord servi de palais!

Jamais l'aveuglement d'hommes craintifs et passionnés ne fut poussé plus loin que celui du maïeur et des échevins d'Amiens. A la nouvelle des succès du duc de Longueville, qui s'était rangé sous le drapeau d'Henri IV, les précautions les plus rigoureuses et les plus ridicules furent prises contre ces malheureuses femmes. Tantôt, c'était un échevin imbécille qui voulait les priver de leurs domestiques, de crainte qu'ils ne favorisassent leur évasion; tantôt c'en était un autre qui décidait gravement, qu'avant de leur permettre d'aller à la messe, on devait s'assurer, auprès des docteurs, si ces dames n'étaient pas en état d'*excommunication*, pour tenir le parti contraire à celui de la Ligue? enfin, on voulait souvent les forcer à écrire au duc de Longueville, dont on redoutait le juste courroux, qu'elles étaient parfaitement traitées et qu'on avait pour elles tous les égards possibles; mais en femmes de cœur, elles se refusèrent à cette lâcheté, et ni les demarches de plusieurs seigneurs qui suivaient le parti de la ligue, ni les lettres pressantes du duc de Mayenne, lui-même, ne purent leur faire rendre la liberté. Cependant le duc de Longueville eut assez de générosité et de grandeur d'âme pour tout oublier, une fois qu'Amiens eût reconnu l'autorité d'Henri

IV et qu'il fut rentré dans son gouvernement de Picardie.

Le séjour du duc ne fut pas bien long dans le Logis-du-Roi : s'étant rendu à Doullens, au mois d'avril 1595, à la première nouvelle de la déclaration de guerre contre l'Espagne, il reçut une grave blessure à la tête comme il allait entrer dans la place, et au moment où il s'entretenait avec le fameux ingénieur royal Ramelli. Rapporté au Logis du-Roi, après cette blessure, le duc de Longueville y mourut le 27 du même mois, au milieu de sa famille éplorée. « Aussitôt, ajoute de La Morlière, il fut vestu d'un pourpoint de satin blanc, passementé d'argent et assis dans son lit, encore paré de blanc, son collier de l'Ordre au col et une croix en la main, la chambre esclairée de maints flambeaux ardens, ou quatre Minimes et autant de Capucins prioient auprès de luy; toute la ville l'alla voir la larme à l'œil; aussi nous avoit-il testé (légué) son cœur que nous possédons mesmement enterré dans nostre église, à main droite de celuy du cardinal de Créquy, non loing du tombeau de l'évêque Pierre Versé (1). »

La mort du duc de Longueville donna lieu, lorsqu'elle arriva, à bien des commentaires. On alla jusqu'à l'attribuer à une vengeance de Gabrielle d'Estrées qu'il avait aimée et qui lui avait remis toutes ses lettres d'amour, tandis que, de son côté, il en avait retenu plusieurs de cette belle maîtresse d'Henri.

Dans son malheur, le duc de Longueville eut au moins la douce consolation de se voir revivre dans un fils que

(1) Antiquités d'Amiens, livre III, pag. 307.

la duchesse, sa femme, mit au monde deux jours après la fatale blessure qui le conduisit au tombeau. Henri Legrand fut le parrain de cet enfant ; il lui donna sur les fonts son nom et celui de son père, et lui confia le gouvernement de la Picardie, sous l'administration du comte de Saint-Pol, son oncle.

Ce dernier se trouvait à Amiens, en 1597, lors de la surprise de la ville par les Espagnols, et c'est de la tour du Logis-du-Roi qu'ayant aperçu leurs écharpes rouges il descendit en toute hâte, monta à cheval, et se retira à Corbie, voyant l'ennemi déjà maître de la place.

Après le comte de Saint Pol, d'autres gouverneurs, non moins illustres, habitèrent encore le Logis-du-Roi ; nous citerons, entr'autres, Honoré d'Albert, duc de Chaulnes, dont les trois enfants furent baptisés, par l'évêque d'Amiens, dans la chapelle de cet édifice, au mois de juin 1625, en présence de la plus brillante assemblée. L'aîné de ces enfants, appelé *Charles*, y fut tenu sur les fonts, par le duc de Chevreuse, muni de la procuration du Roi, et par la Reine mère ; la fille, nommée *Anne*, eut pour parrain Monsieur, frère du Roi, et pour marraine la reine de France ; le dernier enfant du duc de Chaulnes, qui porta aussi le nom de *Charles* et le titre de marquis de Vignacourt, fut présenté au baptême par Henriette de France, devenue reine d'Angleterre, et par le trop fameux Buckingham, pour le roi de la Grande-Bretagne, son maître. « Les seigneurs principaux de la suite des reines, dit le P. Daire, tenaient les cierges, le bassin, l'éguière, la salière et le crèmeau : le duc de Chevreuse répondit de la foi de l'enfant, à cause de la religion protestante du duc de Buckingham (1). »

Depuis cette cérémonie, si magnifique, le Logis-du-Roi fut occupé en 1653, par le duc d'Elbeuf, la duchesse sa femme et leur fille. Des réparations étaient alors à faire à ce monument. *L'appartement de la Reine* et la charpente en avaient surtout besoin. La ville fut priée par le secrétaire du duc d'Elbeuf de faire faire ces réparations; mais elle s'y refusa d'abord en se fondant sur ce que le *Logis-du Roi* appartenant à Sa Majesté, il devait être entretenu aux frais de son domaine ; elle fit plus, elle dépêcha vers Mme d'Elbeuf, qui avait manifesté le désir de voir meubler l'appartement de la Reine qu'elle comptait habiter, à fin de lui déclarer : *que c'était à elle de faire venir et voiturer à Amiens, son propre ameublement,* vu sa pauvreté et son impuissance (2).

Nous pourrions étendre jusqu'au temps actuel cette notice sur le Logis-du-Loi d'Amiens ; mais nous réservons ces derniers détails pour notre *Histoire de Picardie*, et il doit nous suffire d'avoir fait connaître, dans un court article de journal, la destination du noble monument, les évènements qui s'y sont passés, à qui il appartenait et l'état dans lequel il se trouvait au milieu du xviie siècle.

H. DUSEVEL.

(1) Tome 1er, pag. 412.
(2) *Registres de la Mairie.*

(Extrait de L'AMI DE L'ORDRE des 18 et 22 Octobre 1857.)

www.ingramcontent.com/pod-product-compliance
Lightning Source LLC
Chambersburg PA
CBHW060452050426
42451CB00014B/3287